SEPTENTRIO
MERIDIES
OCCIDENS
ORIENS
MARCK BRANDENBURG
Milliaria Germanica communia quorum 15. in uno Gradu
HERTZOGTHUM SCHLESIEN
NIEDER LAUSITZ
LUCKAUISCHER CREIS
CALAUISCHER CREIS
GUBENISCHER CREIS
SPREMBERGISCHER CREIS
STIFT ZELLE
OBER LAUSITZ
BUDISSINISCHER CREIS
GŒRLITZER CREIS
SÆCHSISCHER CREIS
CHUR
MEISSNISCHER CREIS
KŒNIGR BŒHMEN
TOTIUS MARCHIONATUS LUSATIAE tam superioris quam inferioris Tabula specialis in suos Comitatus et Dominatus distincta
Revisa et aucta à Viro Clarissimo Dom. Ioh. Hübnero et in lucem edita à Ioh. Baptista Homanno S.C.M. Norimbergae

Flinker's Ferienhaus

Hanne Bahra

WUNDERSCHÖNER
SPREEWALD

»Und dass dem Netze dieser Spreekanäle
Nichts von dem Zauber von Venedig fehle,
Durchfurcht das endlos wirre Flussrevier
in seinem Boot der Spreewalds-Gondolier.«

Theodor Fontane (1819–1898), deutscher Schriftsteller

BRUCKMANN

Auf dem Wasser unterwegs

Canal travels / En voies d'eaux

◀ ▶ **Kahnfahrten im Spreewald** sind romantisch und gesellig zugleich. Und für Erwachsene auch ziemlich ungefährlich, denn die über 300 Fließe, die das Biosphärenreservat durchziehen, sind flach. Ein Sprichwort sagt: »Wer im Spreewald ertrinkt, ist nur zu faul aufzustehen.«

Punt rides through the Spree Forest are both romantic and sociable. And quite safe for adults; the 300-plus channels that wind through the biosphere reserve are shallow. A local saying claims that "you only drown in the Spree Forest if you're too lazy to get up."

Les voyages en barque au cœur de la forêt de la Spree sont aussi romantiques que conviviaux. Et aussi relativement sans danger pour les adultes, car la majeure partie des 300 canaux navigables de la réserve de biosphère sont plats. Un proverbe dit : « celui qui se noie dans la forêt de la Spree, est juste trop paresseux pour se mettre debout ».

Inhalt

◁ **Die malerischen Spreewaldtrachten** werden noch immer an Festtagen getragen.

Picturesque local costumes are still worn on high days and holidays.

Les pittoresques costumes traditionnels de la forêt de la Spree sont toujours encore portés les jours de fête.

Spreewald – »Venedig der Sorben«

Spree Forest – Venice of the Sorbs / La forêt de la Spree « la Venise des Sorabes »

Gemächlich stakt der Fährmann den Kahn durch das grüne Labyrinth. Pappeln und Erlen säumen die Wasserläufe, die Gräben und Fließe. Der Sage nach soll der Spreewald das misslungene Werk des Teufels gewesen sein, dessen wildgewordene Ochsen kreuz und quer das Land durchpflügten und statt eines ordentlichen Flussbettes dieses Gewirr an Wasserarmen erzeugten. Tatsächlich aber ist der Spreewald eine Hinterlassenschaft der gewaltigen Schmelzwasserströme der letzten Eiszeit. Mehr als 300 Fließe, kaum mehr als einen Meter tief, durchziehen die heute in Mitteleuropa einzigartige Niederungslandschaft. 1991 wurde

The leisurely ferryman poles his punt through the green labyrinth. Poplars and alders fringe the waterways, the ditches and creeks. The legend goes that the Spree Forest was the unsuccessful handiwork of the Devil, created when his teams of oxen broke loose and ploughed madly through the country to leave behind this maze of rivulets instead of a straight river bed. In fact, the Spree Forest was carved by the mighty torrents of meltwater in the last Ice Age. Over 300 rivulets, scarcely more than a meter in depth, wind through the lush wet grassland and forest landscape that is unique in Central Europe today. The Spree Forest, in the south-east of the state of Brandenburg, was declared a UNESCO biosphere reserve in 1991. Water-lilies and yellow flags still bloom here, and the shallow waters are a paradise for cranes, whooper swans and otters. Even beavers have returned, and flocks of storks wade through the water-meadows. The Spree Forest is a living cultural and natural monument that has developed out of the interplay of almost inaccessible, unspoilt areas with agriculture and tourism. The region of Lower Lusatia, around 60 kilometers from Berlin, was a popular destination for excursions as early as the late 19th century. Gliding through the 'Venice of the Sorbs' in the traditional punts is still regarded by city-dwellers

Le passeur manœuvre tranquillement sa barque à la gaffe au travers d'un labyrinthe verdoyant. Des peupliers et des aulnes bordent ces cours d'eau, ces fossés, et ces multiples canaux navigables, appelés « Fließe ». La légende raconte que la forêt de la Spree serait l'œuvre manquée du diable : devenus sauvages, les bœufs labourèrent de long en large le pays et transformèrent le lit bien structuré de la rivière en un enchevêtrement confus de cours d'eau. La forêt de la Spree est en fait le résidu des puissants courants d'eau de la dernière ère glaciaire. Plus de 300 canaux navigables, d'une profondeur d'un mètre à peine, sillonnent ce paysage de dépression, actuellement unique en Europe centrale. Située au sud-est du Land de Brandebourg, la forêt de la Spree fut classée en 1991 réserve de biosphère par l'UNESCO. On y voit encore fleurir des nénuphars et des iris de marais. Pour les grues, les cygnes sauvages et les loutres, ces eaux plates sont un vrai paradis. Même le castor est revenu vivre ici. Sur les prairies, les cigognes aiment patauger en groupe. Monument naturel et culturel vivant, la forêt de la Spree s'est développée dans une région alternant les zones reculées, abandonnées à elles-mêmes et les zones d'utilisation aussi bien agricoles que touristiques. Dès la fin du

---

◀ »**Der ganze Spreewald** bietet ein großes Sanatorium für nervenüberreizte Großstädter«, warb man hier schon vor etwa hundert Jahren um Touristen.

"The whole of the Spree Forest is a vast sanatorium for overstressed city-dwellers", advised advertisements designed to attract tourists around one hundred years ago.

« Toute la forêt de la Spree est un grand sanatorium pour les habitants stressés des grandes villes » : c'est ainsi qu'on attirait les touristes il y a cent ans.

der Spreewald im südöstlichen Brandenburg zum UNESCO-Biosphärenreservat erklärt. Hier blühen noch Seerosen und Sumpfschwertlilien. Für Kranich, Singschwan und Fischotter sind die flachen Gewässer ein Paradies. Selbst der Biber ist zurückgekehrt. Störche waten scharenweise über die Wiesen.

Der Spreewald ist ein lebendiges Kultur- und Naturdenkmal, das sich im Wechselspiel von schwer zugänglichen, sich selbst überlassenen Gebieten und landwirtschaftlicher sowie touristischer Nutzung entwickelt hat. Schon Ende des 19. Jahrhunderts wurde dieses etwa 60 Kilometer von Berlin entfernte Gebiet in der Niederlausitz beliebtes Ausflugsziel. Einst dienten die langen Spreewaldkähne ganz profanen Transportzwecken: Heu, Schilf oder auch Weidetiere wurden darin transportiert. Heute gleiten mit diesen Gefährten vor allem Touristen über das Wasser. Etwa 276 des insgesamt 1550 Kilometer langen Wassernetzes sind innerhalb des 48 800 Hektar großen Biosphärenreservates für den Bootsverkehr freigegeben. Das Binnendelta erstreckt sich über ein etwa 75 Kilometer langes und 15 Kilometer breites Gebiet.

Vor mehr als 1400 Jahren von Slawen besiedelt,

as a thoroughly romantic experience. Yet once these picturesque vessels were simply a practical method of transport, designed for any cargo – hay, reeds or farm animals – that needed to be brought from the crofts dotting the raised islets known locally as 'Kaupen.' Over a century ago, the inhabitants of the Spree Forest also used them to carry their famous pickled cucumbers to the markets of Berlin. Today the punts primarily ferry tourists, and are joined in this idyllic waterworld by increasing numbers of canoeists. Within the 48,800 hectares of the biosphere reserve, boats are permitted on around 276 kilometers of waterway out of the total network of 1,550 kilometers. The inland delta of the River Spree extends over an area 75 kilometers by 15 kilometers.

Settled by Slavic peoples over 1,400 years ago, Lusatia takes its name from the Lusizi people, while the name 'Sorb' is derived from the Western Slav people of the Surbi. The Sorb name for the Spree Forest was 'Błóta,' or marsh. The swampy region was increasingly cultivated by Sorb and German settlers from the 18th century onward, and impenetrable virgin forest gradually gave way to farmland and meadows. Many wooden houses still display stylized snakes'

19e siècle, la région de la Basse-Lusace, située à quelques 60 kilomètres de Berlin, est devenue un lieu d'excursion prisé. Aujourd'hui encore, les voyages à bord des longues barques de la forêt de la Spree, au cœur de celle qu'on nomme la « Venise des Sorabes », ont un caractère particulièrement romantique pour les citadins des grandes villes. Ce moyen de transport avait un objet bien plus profane autrefois : on l'utilisait pour transporter toutes sortes de choses des fermes-îlots vers les bancs de sable, surnommés « Kaupen », tels que le foin, le roseau ou encore les animaux de pâturage. Les habitants du Spreewald les empruntaient déjà il y a cent ans pour approvisionner les marchés berlinois de leurs célèbres cornichons. Aujourd'hui, ce sont surtout les touristes qui embarquent à leur bord pour découvrir la région au fil de l'eau. De plus en plus de personnes aiment aussi pagayer au milieu de ce monde aquatique idyllique. Sur les 48 000 hectares de la réserve de biosphère, environ 276 des 1550 kilomètres du réseau aquatique sont autorisés à la circulation en bateau. Le delta intérieur s'étend sur une longueur d'environ 75 kilomètres et sur une largeur de 15 kilomètres. Les quelques 300 kilomètres carrés de la Haute-Forêt-de-Spree (« Oberspreewald ») au sud rivalisent avec les quelques 100 kilo-

verdankt die Lausitz dem Stamm der »Lusizi« ihren Namen. Auf den westslawischen Stamm der »Surbi« geht die Bezeichnung Sorben zurück. Den Spreewald nannten die Sorben »Błóta«, was so viel wie Sumpf bedeutet. Ab dem 18. Jahrhundert wurde das morastige Gelände von sorbisch- und deutschstämmigen Spreewäldlern immer weiter urbar gemacht. Anstelle undurchdringlicher Wälder entstanden Äcker und Wiesen. Die Nachfahren der Altslawen bemühen sich, überkommene Bräuche, handwerkliche Traditionen und auch die sorbische Sprache am Leben zu erhalten. Und obwohl inzwischen Wege und Straßen ausgebaut wurden, staken Spreewälder des Morgens noch immer in ihren Kähnen zur Schule oder ins Büro.

heads bearing crosses and crowns on their gable ends, said to be a protection against evil spirits. The descendants of the old Slavic peoples strive to preserve their ancient customs, traditional crafts and Sorb language; yet although the road and waterway signs are in both languages, few Sorb words are heard in everyday use. Although paths and roads now criss-cross the region,

▷ **Orts- und Straßenschilder** sind im gesamten Spreewald zweisprachig: deutsch und sorbisch.

Town and road signs are bilingual in German and Sorbian throughout the Spree Forest.

Dans toute la forêt de la Spree, les panneaux d'agglomération et de signalisation sont tous écrits en deux langues : l'allemand et le sorabe.

Spree Forest-dwellers still travel to school or work by punt. Despite centuries of repression and forced assimilation, they have successfully retained aspects of their Slavic heritage and culture, and were officially recognized as an ethnic minority some decades ago.

mètres carrés de la Basse-Forêt-de-Spree (« Unterspreewald ») au nord.

Peuplée par les Slaves il y a plus de 1400 ans, la Lusace doit son nom à la tribu des « Lusizi ». La tribu occidentale slave des « Surbi »a donné naissance au mot « sorabe ». À partir du 18e siècle, les terres marécageuses furent peu à peu défrichées par les habitants wende et allemands de la forêt de la Spree. Des champs et des prairies remplacèrent progressivement les forêts impénétrables. Les descendants des anciens slaves s'efforcent de perpétuer les coutumes et les traditions artisanales de jadis et aussi la langue sorabe. Même si les panneaux d'agglomération et de signalisation des voies navigables du Spreewald ont des indications dans les deux langues, aucun mot sorabe n'est prononcé au quotidien. Et bien qu'on ait construit entretemps des chemins et des rues, les habitants de la forêt de la Spree utilisent toujours leurs barques pour se rendre le matin à l'école ou au bureau. Malgré plusieurs siècles de représailles et de tentatives d'assimilation, ils ont préservé certains éléments de leur identité et de leur culture. Depuis quelques décennies, ils sont même reconnus en tant que minorité ethnique.

Die Spree
River Spree
La rivière Spree

◀ ▶ **Die Spree** ist die Lebensader des Biosphären-reservates Spreewald. Ihre Wasser strömen in alle Richtungen und bilden ein Labyrinth aus verträumten Wasserwegen.

The River Spree is the lifeline of the Spree Forest Biosphere Reserve, forming a labyrinth of tranquil canals in all directions

La Spree est l'artère vitale de la réserve de biosphère du Spreewald. Ses eaux s'écoulent dans toutes les directions et forment un labyrinthe de voies d'eaux au pouvoir enchanteur.

Sorbische Tracht

Sorbian costume / Le costume des Sorabes

Die Kultur der Sorben erlebt seit der politischen Wende von 1989 eine Art Renaissance. Es entstanden vielerorts Heimat- und Trachtenvereine. Für wenige ältere Frauen ist die Tracht heute noch Alltagskleidung. Die Jungen tragen sie als sichtbaren Ausdruck ihrer Identität hauptsächlich noch an kirchlichen Feiertagen.

Sorbian culture has undergone a renaissance since the political upheavals of 1989, and local history and costume societies have sprung up. For a few older women the traditional costume is still everyday wear; younger people primarily wear it on religious holidays as a visible expression of their identity.

La culture des Sorabes connait une sorte de renaissance depuis le tournant politique de 1989. Dans beaucoup d'endroits, des associations de traditions locales et de costumes traditionnels sont apparues. Pour une minorité seulement de femmes âgées, le costume reste aujourd'hui un vêtement de tous les jours. Les jeunes le portent surtout en tant que mode d'expression visible de leur identité, essentiellement lors des jours fériés religieux.

EINBAU
SERVICE
Agrarhistorisch
MUSEUM

Schlepzig

At Schlepzig / À Schlepzig

◀ **Das Bauernmuseum in Schlepzig**, ein Hof, der 1818 dem Dorfschulzen als Lehngut übereignet wurde, gibt Einblicke in das Leben und Schaffen der Spreewaldbauern des vorigen Jahrhunderts.

Schlepzig Farm Museum, a farm presented to the village elder in 1818 as a feudal estate, offers insights into the life and work of Spree Forest farmers in the last two centuries.

Le musée de la ferme de Schlepzig, métairie dont la propriété fut transmise au maire du village en 1818, donne un aperçu de la vie et du labeur des fermiers de la forêt de la Spree au siècle dernier.

▶ **Die »Lapa«**, die große kunstvoll gebundene Haube, macht die sorbische Tracht erst komplett. Eine Pappe dient als Gestell, an der das bestickte Seidentuch mit Nadeln befestigt wird.

The "lapa," the large elaborately tied bonnet, completes the Sorbian costume. The embroidered silk cloth is pinned to a stiff card base.

La « Lapa », grande coiffe que l'on attache avec élégance, complète le costume sorabe. Un carton servant d'armature pour y fixer au moyen d'aiguilles le foulard brodé.

Schlepzig

At Schlepzig / À Schlepzig

◀ ▶ **Ein Dorf wie aus dem Bilderbuch.** Schlepzig, eines der ältesten Dörfer Brandenburgs, liegt abseits der touristischen Zentren mitten im Unterspreewald. Im Jahr 1004 wurde es das erste Mal urkundlich erwähnt. Damals hieß der Ort »Zloupisti«, was bedeutet, das die Häuser auf Pfählen gebaut wurden.

Picture-book village. Schlepzig, among the oldest villages in Brandenburg, is in the Lower Spree Forest some distance from the main tourist centers. Mentioned for the first time in 1004, it was originally named 'Zloupisti,' the 'place of the stilt houses.'

Un village sorti des livres d'images. Situé au coeur de la Basse-forêt-de-Spree à l'écart des centres touristiques, Schlepzig est l'un des plus vieux villages du Brandebourg. Il fut mentionné pour la première fois en 1004 dans les registres. L'endroit s'appelait autrefois « Zloupisti » ce qui signifiait alors que les maisons étaient construites sur pilotis.

Land
Bäckerei

Schadow und Krausnick

At Schadow and at Krausnick

À Schadow et à Krausnick

◀ DAS NADELWEHR IN ALT SCHADOW reguliert mit »Nadeln«, rund 400 Kanthölzern, den Wasserstand der Spree; in ganz Deutschland gibt es nur ganz wenige dieser Art.

The needle dam at Alt Schadow, a rarity in Germany, uses around 400 'needles' of squared timber as a sluice to regulate the height of the River Spree.

La Nadelwehr d'Alt Schadow régule le niveau de l'eau de la Spree à l'aide de quelques 400 cales en bois appelées « aiguilles » ; c'est un des seuls exemplaires de ce genre dans toute l'Allemagne.

▶ DIE KREUZKIRCHE IN KRAUSNICK auf einer Erhebung am Nordrand des Dorfes ist mit ihrer Fachwerkkonstruktion und der barocken Turmhaube eine besondere Sehenswürdigkeit.

The church at Krausnick is perched on a rise at the northern edge of the village. Its half-timbered construction and Baroque turret form a unique combination.

Située sur une colline à la frontière nord du village, l'église de Krausnick attire particulièrement les touristes avec sa construction à colombage et son clocher baroque.

Weißstorchzentrum Vetschau und Insektenhotel Burg

Vetschau White Stork Center and Burg Insect Hotel
Le centre des cigognes blanches de Vetschau et l'hôtel des insectes de Burg

▷ WEISSSTÖRCHE haben sich dank extensiv bewirtschafteter Landwirtschaftsflächen gut vermehrt. Im Niederlausitzer Weißstorchzentrum in Vetschau kann das Leben einer Storchenfamilie mittels einer Webcam beobachtet werden.

The white stork population has grown significantly thanks to the extensive spread of farmland. The Lower Lusatia White Stork Center at Vetschau offers webcam observation of the life of a family of storks.

L'exploitation extensive des surfaces agricoles a favorisé la reproduction des cigognes blanches. Dans le centre des cigognes blanches de Vetschau en Basse-Lusace, on peut observer la vie d'une famille cigogne sur Webcam.

◁ DAS »INSEKTENHOTEL« im Arznei- und Gewürzpflanzengarten in Burg wird bewohnt von Wildbienen, Hornissen, Hummeln und anderen Kerbtieren.

The 'insect hotel' at the Medical and Herbal Garden at Burg is home to wild bees, hornets, bumble-bees and many other insects.

À Burg, l'« hôtel des insectes » situé dans les jardins des plantes médicinales et des épices abrite des abeilles sauvages, des frelons, des bourdons et bien d'autres insectes encore.

Neuendorfer See und Wanderweg Neuendorf

Neuendorfer Lake and the Neuendorf Walking Route
Le lac de Neuendorf et le sentier de promenade de Neuendorf

◀ ▶ DER NEUENDORFER SEE ist beliebter Ausgangspunkt für Wasserwanderungen. Geübte Wassersportler können den Spreewald in seiner ganzen Länge von hier bis nach Cottbus in fünf Tagen durchqueren. Landratten umrunden den See auf einem idyllischen Wanderweg und machen Rast auf der schönen Halbinsel Raatsch.

Neuendorfer Lake is a popular destination for river excursions. Experienced water sports fans can travel the full length of the Spree Forest from here to Cottbus in five days. Landlubbers can take an idyllic walking route around the lake, stopping at the beautiful peninsula of Raatsch.

Le lac de Neuendorf est un point de départ apprécié pour des randonnées au bord de l'eau. D'ici, les amateurs de sports nautiques chevronnés peuvent rejoindre en cinq jours Cottbus en traversant la forêt de la Spree sur toute sa longueur. Ceux qui préfèrent garder un pied à terre opteront pour le tour du lac sur des sentiers idylliques et feront une halte sur la belle péninsule de Raatsch.

Tropical Island

Tropical Island / « Le paradis aquatique « Tropical Island »

▸ Das Riesenspassbad breitet sich auf 66 000 Quadratmetern aus – eine Fläche von acht Fußballfeldern – und bietet den weltweit größten Indoor-Regenwald, Europas größte tropische Urlaubswelt und Deutschlands größte tropische Saunalandschaft. Über 800 000 Gäste kommen jährlich nach Brand, um in dieser gigantischen Halle unter Palmen zu baden.

The Adventure Water Park in Brand is 66,000 square meters in area, the equivalent of eight football fields, and contains the world's largest indoor rainforest, Europe's largest tropical leisure world and Germany's largest tropical sauna complex. Over 800,000 guests visit Brand every year to bathe under palm trees in this enormous enclosure.

Ce gigantesque paradis aquatique à Brand s'étend sur 66 000 mètres carrés, une surface correspondant à huit terrains de football et offre ainsi la plus grande forêt tropicale couverte au monde, le plus grand site vacancier tropical d'Europe et le plus grand centre de remise en forme tropical d'Allemagne. Chaque année, plus de 800 000 visiteurs viennent se baigner à Brand à l'ombre des palmiers de ce hall monumental.

Lübben

At Lübben / La station thermale de Lübben

▸ **LÜBBEN** ist durch seine zentrale Lage idealer Ausgangspunkt für Ausflüge in den Ober- und Unterspreewald. Der staatlich anerkannte Kurort widerstand drei Mal vernichtenden Katastrophen, im April 1945 wurde der Ort fast völlig zerstört. Heute ist Lübben ein munteres Städtchen, mit der großartigsten Kirche des Spreewaldes, mit Schloss und Schlossinsel.

Lübben's central location makes it an ideal starting-point for exploring the Upper and Lower Spree Forest. A state-recognized health spa, it survived three devastating disasters including near-complete destruction in April 1945. Today Lübben is a bustling town containing the most beautiful church in the Spree Forest and an island castle.

La position centrale de Lübben fait d'elle un point de départ idéal pour entreprendre des excursions au cœur de la Haute-forêt-de-Spree et de la Basse-forêt-de-Spree. Cette station thermale reconnue publique surmonta à trois reprises de grands ravages, comme une destruction quasi-totale en avril 1945. Aujourd'hui, la petite ville dynamique de Lübben recèle la plus remarquable église du Spreewald, un château et l'île du château.

Lübben (Spreewald)
Lubin
www.flottes-rudel.de

Wasserschloss Groß Leuthen

Gross Leuthen Moated Castle / Le « Wasserburg » (château entouré de douves) de Groß Leuthen

◀ Das dreiflügelige Renaissance-Wasserschloss am Groß Leuthener See, 15 Kilometer von Lübben entfernt, stammt in seinen ältesten Teilen aus dem Mittelalter. Der Wohnturm im Stil des Historismus wurde 1913 erbaut.

The oldest parts of the three-wing moated Renaissance castle at Gross Leuthener Lake, 15 kilometers from Lübben, are medieval; the historicist-style tower keep was not built until 1913.

Certaines des plus vieilles parties du « Wasserburg » à trois pans de style Renaissance, situé en bordure du lac de Groß Leuthen à 15 kilomètres de Lübben, datent du Moyen-Âge. La tour d'habitation de style historiciste fut construite en 1913.

▶ Der Wappensaal befindet sich im Turm des Schlosses, der von dem Burgenforscher und Architekten Bodo Ebhardt, ein Intimus von Kaiser Wilhelm II., gestaltet wurde.

The heraldic hall is in the tower keep, designed by the castle scholar, architect and close friend of Kaiser Wilhelm II, Bodo Ebhardt.

La salle d'armoiries se trouve dans la tour du château qui fut aménagée par l'architecte et restaurateur de château Bodo Ebhardt, un intime de l'empereur Guillaume II.

Schloss Lübben

Lübben Castle / Le Château de Lübben

◀ ▶ **Die Schlossanlage** wurde 1682 unter Herzog Christian I. von Sachsen-Merseburg im Stil der Renaissance erbaut. Ein gewölbter Gang verbindet das Schloss mit dem Schlossturm. Fenster, Mauerputz und sogar die Turmspitze wurden nach historischem Vorbild erneuert. Das in seinem Kern noch aus dem 14. Jahrhundert stammende, nahezu quadratische Gebäude zählt zu den ältesten der Niederlausitz.

The castle was built in 1682 in Renaissance style under Duke Christian I of Saxony-Merseburg. A vaulted passage connects the castle with the tower keep. The windows, plasterwork and even the turret were restored to historical models. The main fabric of the practically square building dates from the 14th century and is among the oldest in Lower Lusatia.

Le parc du château fut construit en 1682 selon le style Renaissance sous le duc Christian Ier de Saxe-Merseburg. Un couloir à voutes relie le château à la tour du château. Les fenêtres, le crépi du mur et même la pointe de la tour furent restaurés d'après un modèle historiciste. Le bâtiment carré, dont le cœur remonte au 14e siècle, compte parmi les plus vieux de la Basse-Lusace.

Lübben/Paul-Gerhardt-Denkmal

Lübben and Paul-Gerhardt Monument

Lübben et monument de Paul Gerhardt

◀ **Das von 1717/22 erbaute Landhaus** oder Ständehaus liegt am früheren Stadtrand von Lübben. 200 Jahre lang diente es als ständische Verwaltung, heute ist es Sitz des Landratsamtes.

Built in 1717/22, the country estate or state assembly house lies on the former boundary of Lübben. The center of the town's administration offices for 200 years, today it is the seat of the regional council.

Construite en 1717–1722, la maison du Land ou « Ständehaus » (maison d'assemblée) est située dans l'ancienne banlieue de Lübben. Elle fut pendant 200 ans le centre administratif des états généraux et abrite aujourd'hui le siège de la sous-préfecture.

▶ **Das Denkmal** für den Kirchenliederdichter Paul Gerhardt steht vor der nach ihm benannten Backsteinkirche in Lübben, wo Gerhardt bis 1676 als Pastor tätig war.

The monument to hymn writer Paul Gerhardt stands in front of the brick church named after him in Lübben, where Gerhardt was pastor until 1676.

Le monument dédié au poète de cantiques Paul Gerhardt se tient à Lübben devant l'église en brique du même nom, où Gerhardt fut pasteur jusqu'en 1676.

Ostereiermesse im Spreewald

Spree Forest Easter Egg Show / La foire aux œufs de Pâques dans la forêt de la Spree

VERZIEREN VON EIERN gehört zu den beliebtesten Beschäftigungen während des sorbischen Osterfestes. In den Dörfern um Schleife kann man am Karfreitag ganze Familien beim traditionellen Färben beobachten. Auf der Ostereiermesse jedes Frühjahr in Lübbenau werden auch die drei häufigsten Verziertechniken vorgeführt: das Kratzen, das Ätzen und das Wachsen von Ostereiern.

Decorating eggs is one of the most popular pastimes during the Sorbian Easter celebrations. On Good Friday, whole families join in the traditional egg dyeing in the villages around Schleife. At the Easter Egg Show in Lübbenau each spring, the three most popular techniques are demonstrated: scratching, etching and wax-resist.

La décoration des œufs de Pâques fait partie des activités favorites des Pâques sorabes. Dans les villages situés autour de Schleife, on peut voir le jour du vendredi saint des familles entières peindre des œufs de façon traditionnelle. Les trois techniques d'ornementation les plus fréquentes – le grattage, la gravure, le polissage – sont aussi présentées chaque printemps à la foire des œufs de Pâques de Lübbenau.

ist

Schloss Lübbenau

Lübbenau Castle / Le Château de Lübbenau

◀ **DAS ADELSGESCHLECHT DERER ZU LYNAR** ist seit dem 17. Jahrhundert in Lübbenau ansässig. 1990 hatte Christian Graf zu Lynar, der jüngste Sohn Wilfrieds zu Lynar, der als Beteiligter am Putsch gegen Hitler 1944 hingerichtet wurde, den Antrag auf Rückübertragung gestellt. Heute ist das restaurierte klassizistische Schloss als Hotel Lübbenaus touristischer und kultureller Anziehungspunkt.

The aristocratic family of zu Lynar has been resident in Lübbenau since the 17th century. In 1990 Christian Graf zu Lynar, youngest son of Wilfried zu Lynar, who was executed for his part in the anti-Hitler putsch of 1944, applied for restitution of the castle; today the restored classicist-style building is a hotel and Lübbenau's tourist and cultural center.

La vieille famille noble zu Lynar réside à Lübbenau depuis le 17e siècle. Le comte Christian zu Lynar, le plus jeune fils de Wilfried zu Lynar, qui fut exécuté en 1944 pour avoir participé au putsch contre Hitler, fit une demande de rétrocession de biens patrimoniaux en 1990. Aujourd'hui, le château restauré en hôtel de style classique, est devenu un pôle d'attraction touristique et culturel à Lübbenau.

Schloss Lübbenau

Lübbenau Castle / Le Château de Lübbenau

◀ **Die Orangerie** mit seitlichen Kuppelbauten und dorischem Säulengang wurde um 1820 im klassizistischen Stil errichtet. Wo einst Orangenbäume des Lübbenauer Schlossparks vor dem Winter Zuflucht fanden, wurde 2004 ein Café eröffnet. Nach der Sanierung des Schlosses konnte 2010 auch der Marstall im schönen Schlosspark wieder hergestellt werden.

The Orangery, with its side domes and Doric colonnade, was built around 1820 in classicist style. In 2004 a café was opened in the former winter quarters of orange trees from Lübbenau Castle Park. In 2010, after the castle was restored, the stables in the beautiful gardens were also refurbished.

L'Orangerie avec ses bâtiments latéraux à coupoles et ses rangées de colonnes doriques fut construite dans un style classique autour de 1820. Un café a ouvert ses portes en 2004 à l'endroit-même où les orangers du parc du Château de Lübbenau trouvaient autrefois refuge avant l'hiver. L'assainissement du château a permis la réouverture de l'écurie au cœur du beau parc du château en 2010.

Lehde

At Lehde / Le village-îlots de Lehde

◀ ▶ **Blumen blühen** in den Vorgärten von Lehde. »Man kann nichts Lieblicheres sehen als dieses Inseldorf, das aus eben so vielen Eilanden besteht, als es Häuser hat«, schwärmte einst Fontane von dem Ort, in dem noch heute fast jedes Gehöft von Wasserarmen umflossen ist. Eine »Lagunenstadt im Taschenformat, ein Venedig« sei Lehde, das Dorf unter hohen Erlenbäumen.

Flowers bloom in the front gardens of Lehde. "Nothing is more charming than this island village, composed of as many islets as it has houses," enthused the German writer Fontane in praise of this village where almost every house is surrounded by creeks. A "pocket lagoon, a Venice" were his words for Lehde, shaded by tall alders.

Les jardinets en fleurs de Lehde. « On ne trouve rien de plus charmant que ce village insulaire, qui compte autant d'îlots que de maisons », c'est ainsi que Fontane décrivait avec enthousiasme ce lieu où les bras d'eau entourent aujourd'hui encore chaque ferme. Le village sous les grands aulnes de Lehde serait une « ville lagunaire en format de poche, une Venise ».

Am
Holzgraben

Im Hafen von Lübbenau

At Lübbenau Harbor / Au port de Lübbenau

◀ **Mit einem Bootskorso** der Fährleute startet im Hafen von Lübbenau die touristische Saison. Eine Kahnfahrt im Spreewald, die ist lustig. Beliebte Anlaufpunkte sind die Kahnfährhäfen in den drei Zentren Lübben, Lübbenau und Burg. Dazwischen gibt es viele kleinere, weniger stark frequentiere Naturhäfen, in denen man einen Kahn besteigen kann.

A boat parade launches the season at Lübbenau harbor. A boat trip in the Spree Forest is great fun. Popular destinations are the punt harbors in the three centers of Lübben, Lübbenau and Burg, but there are also plentiful opportunities to take punts at smaller, less crowded natural harbors.

Au port de Lübbenau, le corso fleuri des passeurs marque le début de la saison. Un voyage en barque dans la forêt de la Spree est plaisant. Les points de départ les plus prisés sont les ports à barques des centres de Lübben, de Lübbenau et de Burg. En chemin, les possibilités d'embarcation au départ de ports naturels moins fréquentés et de plus petite taille sont nombreuses.

Gurkenparadies

Pickle paradise / Le paradis du cornichon

◀ ▶ **Gurkenmarkt in Lübbenau:** Gurken sind das bekannteste Produkt dieser Region. Flämische Einwanderer brachten im 17. Jahrhundert erste Gurkensamen mit. Um die Gurke dreht sich vieles: Es gibt nicht nur das Gurkenmuseum, eine Gurkenkönigin und Gurkenbockwurst, sondern auch den 250 Kilometer langen Gurkenradweg.

Cucumber Market at Lübbenau: Cucumbers are the best-known produce of the region, introduced as seeds by Flemish settlers in the 17th century. Cucumbers are important in the region, with a Cucumber Museum, a Cucumber Queen and cucumber sausage – and even a 250-kilometer cucumber cycle trail.

Le marché du cornichon à Lübbenau : les cornichons sont le produit phare de cette région. Les immigrants flamands y apportèrent les premières graines de concombre au 17e siècle. Tout tourne autour du cornichon : entre autres le musée du cornichon, une reine du cornichon, une saucisse de bouc au cornichon mais aussi la piste cyclable du cornichon d'une longueur de 250 kilomètres.

Anmeldung
Pensionen
Hirschwinkel
Fischkasten
Quappenschänke
Gurkenmuseum
Weinkeller Fischkasten
Gurkenverkostung

Bilder wie aus alten Zeiten

Just like old times / Des images d'antan

◀ **In traditioneller Blaudruck-Tracht** geht es im langem Spreewaldkahn, einem kiellosen, zumeist aus Holz bestehenden Gefährt, zum Gurkenmarkt nach Lübbenau.

Traditional indigo costumes are worn on the trip to Lübbenau Cucumber Market in the long Spree Forest punts – a keelless craft usually made of wood.

Des images d'antan On se rend au marché du cornichon de Lübbenau revêtu du costume bleu imprimé traditionnel à bord d'une longue barque de la forêt de la Spree, embarcation sans quille qui est la plupart du temps en bois.

▶ **Das Bauernhaus im Lagunendorf Lehde** ist ein typisches Holzhaus dieser waldreichen Region. Noch heute bauen einige Spreewälder ihre Häuser in herkömmlicher Blockbauweise.

This farmhouse in the 'lagoon village' of Lehde is a typical wooden house in this heavily wooded region. Some Spree Forest inhabitants still build their houses in traditional 'log cabin' style.

La ferme dans le village lagunaire de Lehde est une maison en bois typique de cette région très boisée. Certains habitants du Spreewald construisent aujourd'hui encore leurs maisons comme des cabanes en rondins de bois selon un mode de construction traditionnel.

Jahreszeitenwechsel

Changing seasons / L'alternance des saisons

◀ **Herbstzeit, Erntezeit.** Der Kürbis, die sogenannte Spreewald-Ananas, nimmt neben der berühmten Spreewaldgurke, einen wichtigen Platz in hiesigen Gärten ein.

Fall, harvest time. Pumpkins, known as 'Spree Forest pineapples,' vie with the famous local cucumbers for garden space.

L'automne, le temps des récoltes. Dans les jardins locaux, le potiron, qu'on surnomme l'ananas du Spreewald, a une place importante aux côtés du célèbre concombre du Spreewald.

▶ **Zauberhafter Spreewinterwald.** Auf den überfluteten Wiesen und den zugefrorenen Fließen kann man kilometerweit Schlittschuh laufen.

Enchanting winter in Spree Forest. The flooded meadows and frozen creeks are transformed into miles of skating track.

L'hiver enchanteur de la forêt de la Spree. On peut faire du patin à glace sur les kilomètres des prairies inondées et des canaux navigables gelés.

Freilandmuseum Lehde

Lehde Open-Air Museum / L'écomusée de Lehde

▶ DAS ÄLTESTE SORBISCH-WENDISCHE FREILAND-MUSEUM in Brandenburg zeigt drei typische Bauernhöfe, die älteste Kahnbauerei von 1884, historische Trachten, Töpferei, Blaudruckwerkstatt und einen Bauerngarten. Auf unbefestigten Weg unter alten Apfel- und Birnbäumen gelangt man zu original auf Holzpfählen wiederhergestellten Gehöften.

Brandenburg's oldest open-air museum of Sorbian and Wendish life contains three typical farmhouses, the oldest punt-maker from 1884, historical costumes, a pottery, an indigo dyeing workshop and farmhouse garden. A natural path under ancient apple and pear trees leads to restored farmhouses on wooden pile foundations.

Le plus vieil écomusée sorabe-wende de Brandebourg présente trois fermes typiques, le plus ancien fabricant de barques datant de 1884, des costumes historiques, de la poterie, des ateliers d'impression pour textiles bleus et le potager d'une ferme. Un chemin laissé en friche à l'ombre de vieux pommiers et poiriers, nous fait découvrir des fermes originales restaurées et construites comme autrefois sur pilotis.

Freilandmuseum Lehde

Lehde Open-Air Museum / L'écomusée de Lehde

◀ ▶ **Bäuerlicher Alltag** von anno dazumal. Die im Freilandmuseum Lehde vom alten Holzpflug bis zum großen Familienbett detailgetreu nachgestaltete Lebenswelt der Spreewälder versetzt in vergangene Tage. In der großen Stallscheune findet man alles zum Thema Gurke. Das Thema »Der Spreewald vom Naturschauplatz zur touristischen Kulturlandschaft« steht im Mittelpunkt der Ausstellung.

Daily farm life from the distant past. The life of Spree Forest so painstakingly reproduced in Lehde Open-Air Museum, from old wooden ploughs to huge family-size beds, takes visitors back to bygone days. The great barn has an exhibition about cucumbers, focusing on "Spree Forest – from natural setting to cultural tourist landscape."

La vie quotidienne rurale d'antan. La vie des habitants du Spreewald telle qu'elle est fidèlement retracée et détaillée à l'écomusée de Lehde, au travers d'une vieille charrue de bois ou d'un grand lit familial, vous plonge dans un passé lointain. La grande étable vous présente tout ce qui a trait au thème du cornichon. Au cœur même de l'exposition : « la forêt de la Spree, passage d'une nature mise en scène à un paysage culturel touristique ».

Lekde dwor z Lědow

Post per Kahn und die Postsäule von Lübbenau

Mail by boat and Lübbenau Mail Column

La poste en barque et la borne postale de Lübbenau

◀ Der gelbe Postkahn in Lübbenau-Lehde gehört wohl zu den umweltfreundlichsten Beförderungsmitteln der Deutschen Post. Die Postbotin trägt die Briefe aus wie vor über 100 Jahren.

The yellow post boat in Lübbenau-Lehde is probably the Mail Office's most eco-friendly method of transport. Letters are delivered in the same way as over a hundred years ago.

La barque jaune de la poste de Lübbenau-Lehde fait définitivement partie des moyens de transport les plus respectueux de l'environnement de la poste allemande. La factrice livre les lettres comme il y a cent ans.

▶ Als die kursächsische Postsäule 1740 in Lübbenau aufgestellt wurde, holten sich die Bewohner der Wassergrundstücke ihre Post noch selbst ab. Meist dann, wenn sie mit dem Kahn zum Kirchgang aufs Festland kamen.

When the Electoral Saxon Mail Column was set up in Lübbenau in 1740, the inhabitants of the water-bound houses collected their own mail – generally when they traveled to the mainland for church services.

En 1740, lorsque la borne postale de l'électorat de Saxe fut érigée à Lübbenau, les habitants des terres alluviales allaient encore chercher leur courrier eux-mêmes. Généralement ils profitaient de se rendre à l'église sur la terre ferme.

Heuzwiebeln an der »Dorfstraße«

Haystacks along the "Village Street" / Meules de foin près de la » rue de village »

◂ Heuschober stehen zwiebelturmförmig auf den Spreewaldwiesen. Wegen des hohen Wasserstandes werden sie oftmals auf Lattenrosten aufgestellt.

Haystacks in distinctive onion shape dot the Spree water-meadows. They are often built on a foundation of wooden laths as protection again high water.

Les meules de foin se dressent comme des clochers à bulbe sur les prairies de la Spree. En raison du haut niveau de l'eau, on les place souvent sur des caillebotis en bois.

▸ Dicht am Wasser gebaut. »Die Spree bildet die große Dorfstraße, allerhand Arme und Kanäle die Gassen«, schrieb Fontane in seinen *Wanderungen durch die Mark Brandenburg*.

On the waterfront. "The Spree is the main street, and the streams and channels are its laneways," wrote Fontane in his Walks through the Brandenburg Marches.

Construit tout près de l'eau. « La Spree est comme la grande rue de village, avec toute sortes de bras d'eau, de canaux et de ruelles », voilà ce qu'écrivit Fontane dans ses « Promenades dans la Marche de Brandebourg ».

Lehde im Herbst und Spreewald zur Fastnacht

Lehde in the fall and Carnival in Spree Forest
Lehde à l'automne et la forêt de la Spree au carnaval

◀ ALS »LAGUNENSTADT IM TASCHENFORMAT« beschrieb Fontane das denkmalgeschützte Dorf Lehde, das aus kleinen Inseln besteht. Die Wege heißen hier »Hechtgraben« oder »Suezkanal«.

"A pocket-sized lagoon city" were Fontane's words for the heritage-protected village of Lehde, made up of tiny islands traversed by channels called 'Pike Trench' or 'Suez Canal.'

Classé monument historique, le village-îlots de Lehde, fut décrit par Fontane comme une « ville lagunaire en format de poche ». Ici les chemins s'appellent « le fossé du brochet » ou « le canal de Suez ».

▶ DAS »ZAMPERN« findet vor der Fastnacht statt. Es soll den Winter vertreiben, Gefahren und Dämonen vom Dorf fernhalten und den Frühling, die fruchtbare Zeit, empfangen.

'Zampern' is a ceremony held before carnival time to drive away the winter, protect the village from dangers and demons and welcome in the fertile spring.

Le « Zampern » a lieu avant le carnaval. Il doit chasser l'hiver, éloigner du village les dangers et les démons pour faire place au printemps, à la saison fertile.

Die Spreewaldfischer

Fishing in Spree Forest

Les pêcheurs de la forêt de la Spree

◂ Inmitten des Oberspreewaldes liegt auf einer Grundmoräneninsel das Dorf Leipe. Ringsum tummeln sich vor allem Aal, Hecht, Barsch, Karpfen, Zander und Weißfische.

The Upper Spree Forest houses the village of Leipe, perched on an island of ground moraine and surrounded by rich stocks of eel, pike, bass, carp, pike-perch and whitefish.

Le village de Leipe se dresse au beau milieu de la Haute-forêt-de-Spree, sur une île de moraine primaire. Ses eaux regorgent essentiellement d'anguilles, de brochets, de perches, de carpes, de sandres et d'ablettes.

▸ Im Gasthaus der 300 Jahre alten Dubkow-Mühle in Leipe gibt es typische Spreewälder Fischgerichte wie Hecht und Zander in Spreewaldsoße, traditionell mit Bier und Butter zubereitet.

The guesthouse in 300-year-old Dubkow Mill in Leipe serves traditional Spree Forest fish dishes such as pike and pike-perch in Spree Forest sauce flavored with beer and butter.

À Leipe, dans l'auberge du moulin tricentenaire de Dubkow, on trouve des mets de poissons typiques de la forêt de la Spree, comme le brochet et le sandre en sauce de Spreewald, préparé traditionnellement avec de la bière et du beurre.

Slawenburg Raddusch

Slawenburg at Raddusch

Le Château des Slaves de Raddusch

◀ ▶ DIE ALTE SLAWENBURG mit einem Durchmesser von 58 Metern wurde in Blockbauweise aus geschichtetem Holzstämmen errichtet. Durch die Entnahme von Sand und Lehm, um die Holzkonstruktion aufzufüllen, entstand um die Burg herum ein 5,5 Meter breiter Graben. Heute beherbergt die Burg einen Ausstellungsbereich, Veranstaltungsräume, Restaurants und einen Burgladen.

The ancient 'Slav Fortress,' 58 meters in diameter, was built in 'log cabin' style from stacked logs. As sand and clay were removed to fill out the wooden framework, a moat 5.5 meters wide was created around the castle. Today it contains an exhibition area, event rooms, restaurants and a castle shop.

La vieille forteresse slave d'un diamètre de 58 mètres fut construite avec des troncs de bois stratifiés sur le modèle d'un chalet. En prélevant du sable et de la glaise afin de remplir la structure en bois, un fossé de 5,5 mètres de largeur s'est formé peu à peu autour du château. Aujourd'hui, le château héberge des salles d'exposition, de réunion, des restaurants et une boutique de château.

Slawenburg Raddusch

Slawenburg at Raddusch

Le Château des Slaves de Raddusch

◀ ▶ **Die Slawenburg bei Raddusch** ist das urtümlichste Denkmal Spreewälder Siedlungsgeschichte. Die im 9./10. Jahrhundert zum Schutz vor germanischen Eroberern errichtete Fluchtburg sollte, wie vieles andere in der Niederlausitz, dem Braunkohletagebau zum Opfer fallen. Die nötigen archäologischen Untersuchungen dauerten glücklicherweise bis 1989 und retteten das Monument vor dem Bagger.

The Slawenburg at Raddusch is the oldest historical building in the history of the Spree Forest settlement. Built in the 9th / 10th century as protection against Germanic marauders, the fortress was slated to for clearance to make way for lignite mining, as so often in Lusatia. However, archeological investigations lasted until 1989 and saved the monument from destruction.

Le Château des Slaves près de Raddusch est le monument le plus primitif de l'histoire de la colonisation du Spreewald. Ce château-refuge fut construit aux 9e/10e siècles pour se protéger des attaques des conquérants germaniques. Comme bien d'autres choses en Basse-Lusace, il a été la victime de l'exploitation des mines de charbon à ciel ouvert. Les fouilles archéologiques requises durèrent heureusement jusqu'en 1989 et sauvèrent ainsi le monument des pelleteuses.

Wendisch-Deutsche Doppelkirche Vetschau und Vetschauer Schloss

Vetschau, Wendish-German double church and Vetschau Palace / La double église wende-allemande et le château de Vetschau

◀ **Zwei Gotteshäuser** stehen Wand an Wand. Die Wendische Kirche von 1650 und die Deutsche Kirche von 1694 sind durch die Sakristei miteinander verbunden.

Two churches back to back. A sacristy connects the Wendish Church from 1650 and the German Church from 1694.

Deux maisons de Dieu accolées l'une à côté de l'autre : l'église wende de 1650 et l'église allemande datant de 1694. Elles sont reliées l'une à l'autre par la sacristie.

▶ **Das 1540 erbaute Stadtschloss** Vetschau soll der Legende nach durch einen unterirdischen Gang mit der Wendisch-Deutschen Kirche verbunden sein.

Built in 1540, Vetschau Palace is said to be connected to the church by a subterranean passage.

Selon la légende, un passage souterrain rattache le château de la ville de Vetschau, construit en 1540, à l'église wende-allemande.

Schloss Altdöbern und Calau

Altdöbern Palace and Calau

Le Château Altdöbern et Calau

◀ **Das Schloss Altdöbern** entstand in der Blütezeit des Sächsischen Barock. Für die Gestaltung der Innenräume wurden erstklassige Künstler des Dresdner Hofes engagiert.

Altdöbern Palace was built during the zenith of Saxon Baroque; the finest artists from the Dresden court were engaged to design the interiors

Le château Altdöbern fut construit au moment de l'apogée du baroque saxon. Pour son aménagement intérieur, on engagea des artistes de premier ordre issus de la cour de Dresde.

▶ **Von Calau**, der mutmaßlichen Geburtsstätte des Kalauers, führt ein Wanderweg nach Werchow und in die schönen Calauer Berge.

Calau, popularly held to be the birthplace of the corny pun, is the starting-point of a walking route to Werchow and the beautiful Calau Mountains.

De Calau, lieu de naissance probable du calambour, un chemin mène jusqu'à Werchow et aux belles montagnes de Calau.

Traditionelles Handwerk und Bismarckturm in Burg

Traditional Craft and Bismarck Tower in Burg
Artisanat traditionel et la Tour Bismarck in Burg

◀ **Der Familienhandwerksbetrieb** des Pantoffelmachers Karolczak wurde 1909 gegründet. In der dritten Generation werden hier noch heute Holzpantoffeln traditionell gefertigt.

The family-run clog-making company of Karolczak was founded in 1909. Today, the third generation of the family still produce traditional wooden clogs.

L'artisanat familial des fabricants de chaussons Karolczak fut créé en 1909. Depuis trois générations et aujourd'hui encore, on fabrique des pantoufles en bois de façon traditionnelle.

▶ **Der Bismarckturm** befindet sich zwei Kilometer nördlich von Burg auf dem Schlossberg. Der 27 Meter hohe Turm aus Calauer Klinker bietet einen weiten Rundblick.

Bismarck Tower is two kilometers north of Burg on Castle Hill. 27 meters high, the tower of Calau brick offers panoramic views of the area.

La Tour Bismarck se trouve à deux kilomètres au nord de Burg sur le Schlossberg. La tour haute de 27 mètres, est faite de briques de Calau et offre une large vue panoramique.

Therme in Burg

Burg Spa Baths / Les thermes de Burg

◂ DAS SOLE-THERMALBAD gehört zu den modernsten und landesweit schönsten Wellnessanlagen. Das salzhaltige Wasser kommt aus 1350 Metern Tiefe und ergießt sich in Temperaturen von 34 bis 38 Grad Celsius in sechs verschiedene Innen- und Außenbecken. Im Intensivsolebecken mit einem Salzgehalt von acht Prozent schwebt man geradezu auf dem Wasser.

The thermal brine baths are among the region's most modern and attractive spa facilities. The brine comes from a depth of 1350 meters and has a temperature range of 34 to 38 degrees Celsius by the time it pours into the six different indoor and outdoor pools. Visitors practically float unaided in the intensive brine pool, with a salt content of eight per cent.

Le bain thermal d'eau saline de Burg fait partie des centres de remise en forme les plus modernes et les plus beaux du pays. L'eau salée est puisée à 1350 mètres de profondeur et jaillit à des températures comprises entre 34 et 38 degrés pour alimenter six bassins extérieurs et intérieurs différents. Le bassin d'eau saline intensif, dont la salinité atteint les huit pourcents, vous fait tout bonnement flotter sur l'eau.

Burg, von Wasser umgeben / Heimatmuseum

Burg, the Village of Streams / Local Museum
Burg, le village des cours déau / L‘ écomusée

◀ Mehr als 300 Brücken überspannen die 300 Wasserläufe, die die Streusiedlung Burg im Oberspreewald, flächenmäßig eine der größten Gemeinden Deutschlands, durchziehen.

Over 300 bridges span the 300 streams that traverse the widely scattered settlement of Burg, one of Germany's largest municipalities in terms of area, located in the upper Spree Forest.

Plus de 300 ponts enjambent les 300 cours d'eau qui sillonnent l'habitat dispersé de Burg, la plus grande commune d'Allemagne en superficie, localisée dans la Haute-forêt-de-Spree.

▶ Die Burger Heimatstube im Dreiseitenhof am Spreehafen bietet Einblicke in die Geschichte und Gegenwart der sorbischen Lebenswelt.

Burg Heimatstube, a local museum in a three-sided farm at the Spree harbor, provides insight into the past and present-day life of the Sorbs.

L'écomusée de Burg située dans la métairie du port de Spree offre un aperçu du cadre de vie passé et présent des Sorabes.

Urtiere an der Spree

Ancient Fauna Return to the Spree / Les animaux primitifs de la Spree

◀ IN DER SPREEAUE, nicht weit von Dissen, findet derzeit eine der größten Flussrenaturierungen Deutschlands statt. Der Natur werden ursprüngliche Lebensräume wiedergegeben. Im feuchten Gelände des »Aueroxenreservats« Spreeaue fühlen sich, neben Heckrindern und Tarpanen, auch Wasserbüffel wohl.

The Spree water-meadows near Dissen are undergoing one of Germany's most extensive river renaturation programs as natural habitats are restored. The marshy territory of the Spree Meadow Aurochs Reserve is an ideal habitat for Heck cattle, tarpan and water buffalo.

C'est dans la « Spreeaue » (prairies alluviales de la Spree), non loin de Dissen, qu'une des plus grandes renaturations de rivière d'Allemagne a lieu actuellement. La nature y retrouve ses espaces vitaux d'origine. Sur les terres humides de la prairie alluviale de la Spree, appelée aussi « réserve des Aurochs » (race reconstituée de bœufs de prairies), les buffles d'eau semblent se sentir à l'aise aux cotés des Aurochs de Heck et des tarpans.

Sorbische Kultur und Storchentreffen im Spreewald

Sorbian Culture and Storks Collect in Spree Forest
La culture sorabe et les rencontres de cigognes dans la forêt de la Spree

◀ **Sorbische Bräuche** sind wie viele slawische Bräuche heidnischen Ursprungs. Ein Höhepunkt des Heimat- und Trachtenfestes in Burg jedes Jahr im August ist der große Festumzug am Sonntag.e

Sorbian customs, like many Slavic customs, are pagan in origin. A highlight of the traditional and costume festival held each August in Burg is the great Sunday procession.

Les coutumes sorabes sont comme les coutumes slaves d'origine païenne. Le défilé dominical qui a lieu tous les ans en août est un moment fort des fêtes du terroir et des costumes à Burg.

▶ **Der Storch** das Symboltier des Spreewaldes – findet in den feuchten Wiesen reichlich Nahrung. In fast allen Dörfern kann man seine Horste auf Dächern und Telefonmasten sehen.

For storks – the emblem of the Spree Forest – the swampy meadows offer rich sources of food. Almost every village has stork nests on roofs and telephone masts.

La cigogne – l'animal emblème de la forêt de la Spree – trouve une nourriture abondante dans les prairies alluviales. On peut voir ses nids sur les toits et les mâts de téléphone de presque tous les villages.

Dissen

At Dissen / À Dissen

◀ **Das Heimatmuseum in Dissen** gibt einen guten Überblick über die sorbischen Traditionen der vergangenen zwei Jahrhunderte. Bemerkenswert ist die Sammlung niedersorbischer Trachten.

The traditional museum in Dissen offers a comprehensive overview of Sorbian traditions of the past two centuries, with a remarkable collection of Lower Sorbian costumes.

Le Musée du Patrimoine à Dissen donne un bon aperçu sur les traditions sorabes des deux derniers siècles. La collection des costumes traditionnels bas-sorabes est remarquable.

▶ **Mit Arbeitstracht im Kornfeld.** Jahrhundertelang prägte bäuerliches Leben die Landschaft des Spreewaldes, dessen Gesamtfläche noch heute überwiegend landwirtschaftlich genutzt wird.

Working dress in the wheat fields. Farming dominated life in the Spree Forest for centuries, and much of the total area is still under agricultural use today.

En tenue de travail sur les champs de céréales. Pendant des siècles, la vie rurale a marqué le paysage de la forêt de la Spree, dont la quasi-totalité de la superficie est utilisée aujourd'hui encore à des fins agricoles.

Schäfer im Spreewald

Shepherds in the Spree Forest

Les bergers de la forêt de la Spree

◂ **Der Spreewald** ist eine alte Natur- und Kulturlandschaft. Die Landwirtschaftsflächen im Biosphärenreservat Spreewald, Brandenburgs Öko-Anbauregion Nummer eins, werden zu drei Vierteln ökologisch bestellt. Um die typisch kleinräumige Spreewaldlandschaft zu bewahren, werden vielfach traditionelle Nutzungsarten wie die Weidewirtschaft aufrecht erhalten.

The Spree Forest is an ancient natural and cultivated landscape. Three-quarters of the agricultural land in the Spree Forest Biosphere Reserve, Brandenburg's principal ecological farming region, is under eco-cultivation. To protect the characteristic small scale of farming here, many traditional methods such as grazing are preserved.

La forêt de la Spree est un vieux paysage naturel et culturel. Trois quarts des surfaces agricoles de la réserve de biosphère du Spreewald – première région du Brandebourg en termes d'agriculture écologique – sont exploités de façon écologique. Différents modes d'exploitation traditionnels comme l'économie pastorale, ont été maintenus afin de préserver les petites structures si typiques du paysage de la forêt de la Spree.

Straupitz

At Straupitz / À Straupitz

◀ ▶ **Die Straupitzer Holländermühle** aus dem Jahr 1810 ist europaweit die letzte noch funktionierende Dreifachmühle. Sie kann Korn mahlen, Leinöl pressen und Holz schneiden. Im Hofladen wird frisches Leinöl angeboten. Im Café im Müllerhaus gibt es die Spreewälder Spezialität mit Quark und Pellkartoffeln.

The Dutch windmill at Straupitz dates from 1810 and is the only working triple mill remaining in Europe, grinding flour, pressing flaxseed oil and cutting wood. The farm shop sells freshly pressed flaxseed oil, and the café in the miller's house serves this Spree Forest speciality with cream cheese and boiled jacket potatoes.

Le moulin hollandais de Straupitz, qui date de 1810, est le dernier moulin à vent triple encore en fonction en Europe. Il peut moudre du grain, presser de l'huile de lin et couper du bois. De l'huile de lin fraîche est offerte en vente directe au magasin de la ferme. Des spécialités du Spreewald avec du fromage blanc et des pommes de terre en robe des champs sont proposées au café de la maison du meunier.

Die Straupitzer Kirche

The Church of Straupitz / L'eglise de Straupitz

◀ ▶ **Karl Friedrich Schinkel** schuf zwischen 1827–1832 die schon von Weitem sichtbare Dorfkirche, die mit ihren hohen Zwillingstürmen so wenig Dörfliches hat. Die Klarheit der neoklassizistischen Außenfassade spiegelt sich im Innenraum wider. In der wohl bedeutendsten Kirche des Spreewaldes finden 1000 Besucher Platz.

Karl Friedrich Schinkel built the village church, its high twin towers visible from afar and so at odds with village style, from 1827–1832. The clear lines of the neo-classicist exterior are reflected in the interior. Probably the most important church in the Spree Forest, it can seat 1000.

L'église que ses hautes tours jumelles rendent visible au loin, fut érigée par Karl Friedrich Schinkel en 1827–1832. Elle n'a rien de villageois. La clarté de la façade extérieure néo-classique se reflète à l'intérieur. 1000 visiteurs trouvent place ici, dans ce qui est sans aucun doute la plus grande église de la forêt de la Spree.

▷ **Die parkartige Landschaft** des Biosphärenreservats, ein Mosaik aus Wiesen, Äckern und Wäldern, ist Heimat für eine artenreiche Tier- und Pflanzenwelt.

The park-like landscape of the Biosphere Reserve, a mosaic of meadows, farmland and forest, provides habitats for richly diverse flora and fauna.

La mosaïque de prairies, de champs et de forêts des paysages de la réserve de biosphère offre un habitat naturel favorable à l'épanouissement d'une flore et d'une faune diversifiée.

Impressum

Die Autorin Hanne Bahra ist seit vielen Jahren Journalistin und Buchautorin und auf kulturhistorische und Reisethemen spezialisiert. Ihrer Meinung nach gibt es im Reiseland Deutschland noch viel zu entdecken.

Produktmanagement: Dr. Birgit Kneip
Englische Übersetzung: Alison Moffat, München
Französische Übersetzung: Sandra Brandstetter, Bernau
Grafische Gestaltung: Medienfabrik GmbH, Stuttgart
Kartografie: Thomas Vogelmann, Mannheim
Herstellung: Bettina Schippel
Repro: Cromika sas, Verona
Printed in Slovenia by Korotan, Ljubljana

Alle Angaben dieses Bandes wurden vom Autor sorgfältig recherchiert und vom Verlag auf Stimmigkeit und Aktualität geprüft. Allerdings kann keine Haftung für die Richtigkeit der Informationen übernommen werden. Für Hinweise und Anregungen sind wir dankbar.
Zuschriften an den:
Bruckmann Verlag, Produktmanagement,
Postfach 400209, 80702 München
E-Mail: lektorat@bruckmann.de

Bildnachweis

© Peter Becker, Vetschau: 69; Bildagentur Huber: S. 6 (Gräfenhain); Ulf Böttcher, Potsdam: S. 7, 15, 40; Fotolia.com: S. 75 (LianeM); Richard Kliche: S. 78; Gerhard Launer WFL-GmbH, Rottendorf, www.wfl-gmbh.de: S. 10, 92; LOOK-foto: S. 14, 20 (Terra vista), 21, 42, 43, 65 (H. Dressler), 36, 37 (Böttcher); Panoramio: S. 27; Picture alliance/dpa: S. 8, 16, 19, 38, 39, 44, 45, 48, 50, 52, 53, 56, 57, 60, 62, 63, 64, 66, 73, 74, 77, 80, 83, 86, 88 (Pleul), 13 (Pedersen), 18 (Franke), 22, 32, 35 (Schindler), 23 (Chromorange/Opelka), 24, 82, 90 (Weisflog), 25 (Woitas), 28, 76 (Hanschke), 30 (Chromo/Tscherwitschke), 33 (ADN, 34 (Wiedl), 46 (Settnik), 49, 54 (Kirchner), 51 (Wothe), 58 (Hirschberger, 59 (Link), 61 (Chromorange/Möbus), 67 (Okapia/Jost), 68, 71, 72 (Schutt), 85 (Helbig), 84 (Kaffka), 88, 89 (Wiedl), 91 (Rodemann); Manfred Reschke, Berlin: S. 26; Michael Schön: S. 79.

Einbandfotos
Vorne: Postboot in Lehde © Picture alliance (Pleul); hinten: Schloss in Lübbenau © Picture alliance (Woitas); Störche bei Schlepzig; Spreewald bei Lehde © Picture alliance (Pleul)

Die Deutsche Nationalbibliothek verzeichnet diese Publikation in der Deutschen Nationalbibliografie; detaillierte bibliografische Daten sind im Internet über http://dnb-nb.de abrufbar.

ISBN 978-3-7654-5583-4

Märkisch Buchholz
Dahme Umflutkanal
Köthener See
Unterspreewald
Neu Lübbenau
Pretschener Spree
Schlepzig
Krausnick
Spree
Lübben
Groß Leuthener See
Schwielowse
Neu Zauche
Straupitz